VENTE AUX ENCHÈRES PUBLIQUES
APRÈS DÉCÈS

DE

TABLEAUX MODERNES

Aquarelles, Dessins

BRONZES D'ART DE BARYE

Terres cuites par CLODION

EXPOSITION

HOTEL DROUOT -- SALLE N° 7

Le Jeudi 26 Mars 1896

De deux heures à six heures

COMMISSAIRES-PRISEURS

Mᶜ Henri OUDARD | Mᶜ PECQUET
Rue des Pyramides, 18 | Rue Choron, 10

EXPERTS

M. MALLET | M. B. LASQUIN
Rue du Helder, 13 | Rue Laffitte, 12

PARIS — 1896

IMPRIMERIE MAULDE ET RENOU

MAULDE, DOUMENC & Cie

IMPRIMEURS DE LA COMPAGNIE DES COMMISSAIRES-PRISEURS

Rue de Rivoli, 144

CATALOGUE

DE

TABLEAUX

AQUARELLES ET DESSINS

Par Barye, Decamps

Hébert, Ingres, Jacques, Vibert et autres

BRONZES D'ART DE BARYE

Barrias, Clodion, Coustou, Injalbert, Lepautre

Mène et d'après l'Antique

DEUX BEAUX BAS-RELIEFS EN TERRE CUITE

Par CLODION

Commode Régence, Secrétaire, Poignard oriental

DONT LA VENTE AURA LIEU

Après décès de M. D* D*****

HOTEL DROUOT, SALLE N° 7

Le Vendredi 27 Mars 1896, à 2 heures

COMMISSAIRES-PRISEURS

M° Henri **OUDARD**	M° **PECQUET**
Rue des Pyramides, 18	Rue Choron, 10

ASSISTÉS

POUR LES TABLEAUX	POUR LES OBJETS D'ART
De **M. MALLET**, Expert	De **M. B. LASQUIN**, Expert
Rue du Helder, 13	Rue Laffitte, 12

CHEZ LESQUELS SE TROUVE LE PRÉSENT CATALOGUE

EXPOSITION PUBLIQUE

Le Jeudi 26 Mars 1896, de 2 heures à 6 heures

CONDITIONS DE LA VENTE

—

Elle sera faite au comptant.

Les acquéreurs paieront CINQ POUR CENT en sus du prix d'adjudication.

L'exposition mettant le public à même de se rendre compte de l'état des objets, il ne sera admis aucune réclamation une fois l'adjudication prononcée.

MAULDE, DOUMENC et Cⁱᵉ, imp. de la Cⁱᵉ des Commissaires-Priseurs, rue de Rivoli, 144   5oo—57187

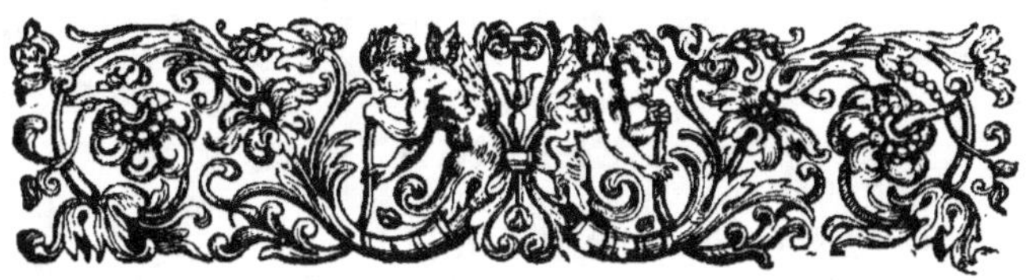

DÉSIGNATION

TABLEAUX

ATALAYA

1 – Deux Tableaux représentant : le Guet et le
Cabaret.

> Bois : Haut. 0ᵐ18 ; Long. 0ᵐ12.

BARYE

2 — Cerf dans les gorges.

> Aquarelle : Haut. 0ᵐ14 ; Larg. 0ᵐ22.

BARYE

3 — Lion couché.

> Aquarelle : Haut. 0ᵐ15 ; Larg. 0ᵐ24.

BASSAN (Attribué au)

4 — Les Forges de Vulcain.

> Toile : Haut. 1ᵐ30 ; Larg. 1ᵐ88.

BELLANGÉ (H.)

5 — Le Coup d'œil d'aigle.

    Aquarelle.

BIDA

6 — Le Barbier persan.

    Dessin : Haut. 0^m45 ; Larg. 0^m37.

BRASCASSAT (Attribué à)

7 — Étude de Chèvres.

    Toile : Haut. 0^m20 ; Larg. 0^m27.

CHARLET (Attribué à)

8 — Colonel de lanciers.

    Aquarelle.

DECAMPS

9 — Les Suppliciés.

    Aquarelle : Haut. 0^m21 ; Larg. 0^m14.

DECAMPS

10 — L'Arrivée de la Sainte Famille à Jérusalem.

    Aquarelle : Haut. 0^m23 ; Larg. 0^m31.

DEVEDEUX

11 — Fleurs.

    Forme ovale : Haut. 0^m45 ; Larg. 0^m27.

DEVEDEUX

12 — Fleurs.

Forme ovale : Haut. 0ᵐ45 ; Larg. 0ᵐ27.

DEVEDEUX

13 — Cheval sous bois.

Toile : Haut. 0ᵐ31 ; Larg. 0ᵐ40.

ÉCOLE DES FRANCK

14 — Antoine et Cléopâtre.

Peinture sur cuivre : Haut. 0ᵐ45 ; Larg. 0ᵐ58.

GIRARDET (Karl)

15 — Paysage avec troupeau de moutons.

Bois : Haut. 0ᵐ20 ; Long. 0ᵐ35

GIRARDET

16 — Bataille de Tolbiac.

Dessin.

GUINDO

17 — L'Abreuvoir.

Haut. 0ᵐ45 ; Larg. 0ᵐ32.

HARPIGNIES

18 — Paysage ; effet de matin.

Aquarelle : Haut. 0ᵐ17 ; Larg. 0ᵐ25.

HÉBERT

19 — Le Baiser de Judas.

Toile : Haut. 0^m80 ; Larg. 0^m61.

HÉBERT

20 — Terrasse du Château des Papes.

Bois : Haut. 0^m20 ; Long. 0^m28.

21 — Série de six Dessins exécutés d'après les Sculp-
tures du Château de Versailles, par Hébert et
Massier.

INGRES

22 — Portrait de Mme Bocher.

Très joli dessin à la mine de plomb.

Haut. 0^m31 ; Larg. 0^m24.

INGRES

23 — Saint Symphorien.

Épreuve d'état, retouchée par l'artiste.

Haut. 0^m70 ; Larg. 0^m58.

JACQUES (Charles)

24 — Intérieur de Bergerie.

Toile : Haut. 0^m45 ; Larg. 0^m65.

LEPRINCE (X.)

25 — Le Modèle.

Toile : Haut. 0^m31 ; Larg. 0^m23.

LEBLANC (Ch.)

26 — Copie au pastel, d'après *La Barque*, de E. Delacroix.

H. 0^m,57; L. 0^m75.

LEHMAN (Henri)

27 — La Vierge, l'Enfant Jésus et saint Joseph.

Forme ronde : Diam. 0^m35.

LEHMAN (Henri)

28 — Scène biblique.

Bois : H. 0^m18; L. 0^m23.

LEHMAN (Henri)

29 — Saintes Femmes au pied de la Croix.

Toile : H. 0^m39; L. 0^m30.

MAIGNAN (Alb.)

30 — Coquetterie.

Bois : H. 0^m26; L. 0^m17.

MÉLIN

31 — Chiens courants.

Toile : H. 0^m19; L. 0^m27.

MÉLIN

32 — Chiens en arrêt.

H. 0^m18; L. 0^m24.

MYRBACH

33 — Napoléon sur le champ de bataille.

Aquarelle : H. 0^m29 ; L. 0^m20.

DE PAAL

34 — Sous Bois.

Toile : H. 0^m44 ; L. 0^m37.

PERRAULT (Léon)

35 — La Rivale.

Toile : H. 0^m54 ; L. 0^m45.

PERRAULT (Léon)

36 — Le Trio.

H. 0^m28 ; L. 0^m23.

PILS

37 — La Charge.

Aquarelle.

ROUSSEAU (Th.)

38 — Un Coin de Montmartre.

Esquisse.

Toile : H. 0^m15 ; L. 0^m29.

SANDOZ

39 — Entrée des Croisés à Constantinople.

Dessin, d'après E. Delacroix.

SCHEFFER (Cl.)

40 — Jeune Fille.

Toile : H. 0^m45 ; L. 0^m38.

THIVIER (Eug.)

41 — Paysage.

Peinture.

VIBERT (G.)

42 — Lansquenets sous Louis XIII.

Aquarelle : H. 0^m26 ; L. 0^m36.

SCULPTURES

—

43 — **Clodion.** Deux très beaux bas-reliefs de forme ronde en terre cuite, représentant chacun une Bacchante et un petit Faune.

Œuvres originales du maitre. Signées.

Diamètre : 0^m28.

44 — **Carrier-Belleuse.** L'Abondance.

Groupe de trois figures : *terre cuite originale.*

Haut. 0^m37.

45 — Pendule de la fin du xviiie composée d'un groupe en terre cuite : Psyché et l'Amour. Le socle orné d'une frise en bronze vert, représentant la Toilette de Psyché.

Haut. 0^m53.

BRONZES D'ART

46 — **Barye**. Thésée combattant le Minotaure.

Groupe en bronze à patine verte.
Ancienne épreuve de l'édition du maitre.

Haut. 0^m45; Long. de la plinthe, 0^m29.

47 — **Barye**. Thésée combatant le Centaure Biénor.

Bronze à patine verte.
Épreuve ancienne de l'édition du maitre.

Haut. 0^m29; Long. 0^m34.

48 — **Barye**. Le Lion qui marche.

Patine verte.
Belle épreuve ancienne de l'édition du maitre.

Haut. 0^m23; Long. 0^m40.

49 — **Barye**. Le Tigre qui marche.

Patine verte.
Belle épreuve ancienne de l'édition du maitre.

Haut. 0^m23; Long. 0^m40.

50 — Barye. Lion la patte levée sur un Serpent.

Bronze patine verte.
Ancienne épreuve de l'édition du maître.

Haut. 0^m13; Long. 0^m16.

51 — Barye. Napoléon à cheval.

Bronze à patine verte.

Haut. 0^m46; Long 0^m34.

52 — Barye. Dromadaire monté par un Arabe.

Bronze; patine verte.
Édition Delafontaine.

Haut. 0^m24; Larg. 0^m16.

53 — Barye. Lion dévorant un guib.

Bronze; patine verte.
Édition Delafontaine.

Haut. 0^m11; Larg. 0^m29.

54 — Barye. Cavalier arabe tuant un sanglier.

Bronze; patine verte.

Haut. 0^m28; Long. 0^m32.

55 — Barye. L'Éléphant d'Afrique.

Bronze; patine verte.
Édition Barbedienne.

Haut. 0^m14; Long. 0^m19.

56 — Barye. Lionne passant à droite.

Bas-relief, bronze à patine verte.

57 — Barye. Tigre passant à gauche.

Bas-relief à patine verte.

58 — Barye. Cerf passant à gauche.

Bas-relief à patine verte.

59 — Barye. Genette emportant un oiseau.

Bas-relief à patine verte.

60 — Barrias. La Musique.

Bronze de Thiébaut frères.

Haut. 0ᵐ73.

61 — Clodion (D'après). Beau Groupe en bronze, à patine brune : Bacchante assise et deux Enfants.

Socle carré en bronze doré.

Haut. totale 0ᵐ58.

62 — Clodion (D'après). Beau Groupe en bronze, pendant du précédent : Faune assis et deux Enfants.

Socle carré en bronze doré.

Haut. totale 0ᵐ58.

63 — Coustou. Deux Groupes en bronze des Chevaux de Marly.

Haut. 0ᵐ60.

64 — Coustou. Hippomène.

Bronze de Barbedienne.

Haut. 0ᵐ26; Long. 0ᵐ08.

65-66 — **Injalbert**. L'Amour domptant la Force (Avant le combat et Après le combat).

> Deux groupes en bronze, à patine verte, de Thiébaut frères.
>
> Haut. 0^{m}45 ; Long. 0^{m}5o.

67 — **Lepautre**. Atalante.

> Bronze de Barbedienne.
>
> Haut. 0^{m}26 ; Long. 0^{m}o8.

68 — **Mène**. Cheval de course.

> Haut. 0^{m}26 ; Long. 0^{m}3o.

69 — Vénus de Milo.

> Bronze de Barbedienne.
>
> Haut. 0^{m}3o.

70 — Statuette de Faune.

> Bronze vert de Delafontaine.
>
> Haut. 0^{m}33.

71 — Statuette d'Hercule.

> Patine verte.

72 — Statuette d'Antinoüs.

> Patine brune.

73 — Baigneuse.

> Patine verte.

MEUBLES, CURIOSITÉS

74 — Commode du temps de la Régence, de forme contournée, à trois rangs de tiroirs, en bois de placage, ornée de larges chutes, de poignées et d'entrées de serrures en bronze doré.

75 — Secrétaire ouvrant à abattant, en bois d'acajou, orné de montants cannelés de cuivre sur les côtés. Dessus de marbre.

76 — Poignard oriental, à lame damasquinée et manche en jade vert représentant une Tête de cheval.

77 — Objets omis.

IMPRIMERIE MAULDE, DOUMENC ET Cie

RUE DE RIVOLI, 144 — PARIS

www.ingramcontent.com/pod-product-compliance
Lightning Source LLC
LaVergne TN
LVHW010906180726
843502LV00010B/3992